PENSAMIENTO POSITIVO

Maneras poderosas de pensar y hablar tu camino hacia el éxito

(Una guía definitiva para aumentar la autoestima y la vida exitosa)

Blas Zayas

Publicado Por Jason Thawne

© **Blas Zayas**
Todos los derechos reservados

Pensamiento Positivo: Maneras poderosas de pensar y hablar tu camino hacia el éxito (Una guía definitiva para aumentar la autoestima y la vida exitosa)

ISBN 978-1-989891-11-7

Este documento está orientado a proporcionar información exacta y confiable con respecto al tema y asunto que trata. La publicación se vende con la idea de que el editor no esté obligado a prestar contabilidad, permitida oficialmente, u otros servicios cualificados. Si se necesita asesoramiento, legal o profesional, debería solicitar a una persona con experiencia en la profesión.

Desde una Declaración de Principios aceptada y aprobada tanto por un comité de la American Bar Association (el Colegio de Abogados de Estados Unidos) como por un comité de editores y asociaciones.

No se permite la reproducción, duplicado o transmisión de cualquier parte de este documento en cualquier medio electrónico o formato impreso. Se prohíbe de forma estricta la grabación de esta publicación así como tampoco se permite cualquier almacenamiento de este documento sin permiso escrito del editor. Todos los derechos reservados.

Se establece que la información que contiene este documento es veraz y coherente, ya que cualquier responsabilidad, en términos de falta de atención o de otro tipo, por el uso o abuso de cualquier política, proceso o dirección contenida en este documento será responsabilidad exclusiva y absoluta del lector receptor. Bajo ninguna circunstancia se hará responsable o culpable de forma legal al editor por cualquier reparación, daños o pérdida monetaria debido a la información aquí contenida, ya sea de forma directa o indirectamente.

Los respectivos autores son propietarios de todos los derechos de autor que no están en posesión del editor.

La información aquí contenida se ofrece únicamente con fines informativos y, como tal, es universal. La presentación de la información se realiza sin contrato ni ningún tipo de garantía.

Las marcas registradas utilizadas son sin ningún tipo de consentimiento y la publicación de la marca registrada es sin el permiso o respaldo del propietario de esta. Todas las marcas registradas y demás marcas incluidas en este libro son solo para fines de aclaración y son propiedad de los mismos propietarios, no están afiliadas a este documento.

TABLA DE CONTENIDO

PARTE 1 1

INTRODUCCIÓN 2

CAPÍTULO 1: EL PODER DEL PENSAMIENTO POSITIVO 3

CAPÍTULO 2: COMO SERPOSITIVO 10

CAPÍTULO 3: BENEFICIOS DE TENER PENSAMIENTOS POSITIVOS 15

CAPÍTULO 4: EL PENSAMIENTO POSITIVO VS. EL PRINCIPIO POLLYANNA 22

CAPÍTULO 5: ÉXITO EN CARRERA Y RELACIONES 26

CONCLUSIÓN 32

PARTE 2 33

CAPÍTULO 1: PENSAMIENTO CORRECTO - PENSAMIENTO NEGATIVO - PENSAMIENTO POSITIVO 34

CAPÍTULO 2: LA VERDAD SOBRE TI 67

CAPÍTULO 3: COMENZANDO EL VIAJE DE AUTODESCUBRIMIENTO - LOS SIETE PRINCIPIOS DE HUNA 85

Parte 1

Introducción

Quiero agradecerte y felicitarte por descargar el libro,

Este libro contiene paso y estrategias probadas sobre cómo desarrollar pensamientos positivos y usar tu optimismo para tener éxito en la vida.

Este libro te dará también información sobre los beneficios— así como los inconvenientes— de tener pensamientos positivos.

Gracias otra vez por descargar este libro, ¡espero que lo disfrutes!

Capítulo 1: El Poder del Pensamiento Positivo

Nadie quiere estar cerca de alguien que es pesimista, cínico, y lleno de energía negativa. Estar cerca de alguien así, puede ser agotador y frustrante. Si quieres que tu día sea más brillante, deberías salir con gente que estalla de energía positiva. Estar cerca de alguien que es alegre y tiene una actitud positiva puede influirte de una buena manera. Así que, si quieres ser más productivo y exitoso, deberías desarrollar el pensamiento positivo.

Puede que pienses que el pensamiento positivo solo se trata de tener una actitud optimista y ser feliz, pero, en realidad, hay más que eso. De hecho, el pensamiento positivo puede ayudarte a desarrollar habilidades así como hacer tu vida más valiosa. Esta noción puede ser respaldada por investigaciones. Grupos de investigadores estudian el impacto del pensamiento positivo en la salud, el trabajo, y la vida en general. Ellos tienen pruebas de que el pensamiento positivo pueden en realidad hacerte más exitoso en la vida.

Investigadores saben que las emociones negativas pueden conducir a ciertas acciones. Estas emociones tienden a estrechar tu mente y tus pensamientos. Cuando te enfocas en el pensamiento negativo, te aíslas del mundo exterior y limitas tus opciones. Tu cerebro se desconecta del mundo exterior y solo le da importancia a las emociones negativas como el miedo o el enojo. Así que, cuando tienes pensamientos negativos, te tornas más estresado.

Bárbara Fredrickson, una profesora de psicología en la Universidad de Carolina del Norte, es una de las personas que estudian el pensamiento positivo. Ella conduce investigaciones sobre psicología positiva, siendo su trabajo principal el sugerir que las emociones positivas pueden conducir a comportamiento expansivo, exploratorio u original, el cual puede, eventualmente, conllevar a relaciones sociales significativas. De acuerdo con un ensayo emblemático que ella publicó, el pensamiento positivo puede, significativamente, afectar tus habilidades.

Fredrickson realmente probó los efectos de las emociones positivas en el cerebro a través de un experimento simple. Su experimento involucraba a cinco grupos sujetos de investigación. A cada uno de estos grupos se les mostraron varios clips de filmes. Para los primeros dos grupos, filmes que involucraban emociones positivas fueron mostrados. Después de ver estos clips, el primer grupo fue capaz de experimentar alegría mientras el Segundo grupo fue capaz de experimentar contentamiento.

El tercer grupo sirvió como el grupo de control. Alos participantes se les mostraron clips neutrales que no producían ninguna emoción significante. Como resultado, los participantes en este grupo no tuvieron ni sentimientos positivos o negativos. A los últimos dos grupos, sin embargo, se les mostraron clips de filmes que resultaban en emociones negativas. Al cuarto grupo se les mostraron clips que los hicieron sentir miedo mientras que al quinto grupo se les mostraron clips que los hacían sentir enojados.

Al final del experimento, se les pidió a los participantes que se imaginaran a ellos mismos en situaciones que involucraban emociones similares. Se les dieron piezas de papel y se les dijo que anotaran las cosas que ellos habrían hecho en ese tipo de situaciones. Los participantes que sintieron enojo y temor escribieron muy pocas respuestas. Por otra parte, los participantes que sintieron contentamiento y felicidad escribieron respuestas extensas. En realidad tuvieron más respuestas que los participantes en el grupo de control.

Así que, en conclusión, las emociones positivas como el amor, la felicidad y la alegría pueden conducir a más posibilidades en la vida. Los hallazgos sugieren que las emociones positivas tienden a ampliar el sentido de posibilidad, así como abrir la mente a mejores opciones. Y lo que es más, el pensamiento positivo no solo dura por un periodo corto de tiempo. De hecho, puede durar aun después de que las sensaciones buenas se han disipado.

El beneficio más grande de las emociones positivas es tener la habilidad de desarrollar capacidades y recursos que son útiles en la vida. Para entender esto completamente, deberías considerar los ejemplos del mundo real. Por ejemplo, niños que corren por ahí y se divierten al aire libre pueden desarrollar capacidades físicas y sociales al jugar y comunicarse con sus amigos. También pueden desarrollar capacidades creativas al explorar y examinar el mundo a su alrededor.

Esto solo muestra que las emociones positivas pueden ayudar a estos niños a desarrollar capacidades que pueden ser valiosas y útiles en sus vidas. Las capacidades que fueron desarrolladas han obviamente durado mucho más que las emociones que las iniciaron. Así que, ¿cómo puede esto beneficiar a estos niños? Aquellos que han desarrollado capacidades físicas pueden usar su habilidad para adquirir becas escolares atléticas cuando son lo suficientemente grandes para ir al colegio.

Asimismo, aquellos que han desarrollado capacidades sociales pueden tener trabajos que involucran interacción social. Aquellos que han desarrollado capacidades creativas pueden convertirse en artistas y compartir su creatividad con otra gente. Los sentimientos de felicidad que han promovido la creación y exploración de nuevas habilidades cesaron pronto. Sin embargo, las habilidades que fueron desarrolladas de esos sentimientos de felicidad continuaron prevaleciendo.

Fredrickson le llama a esto la teoría de "expandirse y construir". Esto es debido al hecho de que las emociones positivas amplían el sentido de posibilidades y abren la mente. Por esto, eres capaz de desarrollar nuevas habilidades que pueden probar ser valiosas en tu vida. Por otra parte, las emociones negativas producen resultados opuestos porque cuando el peligro o miedo se siente, las capacidades necesarias para el crecimiento y el éxito se vuelven irrelevantes.

Capítulo 2: Como SerPositivo

Así que, ¿cómo puedes hacer de ti mismo una persona positiva?¿Cómo puedes desarrollar el pensamiento positivo y dejar de tener pensamientos negativos? ¿Qué puedes hacer para mejorar la manera en como piensas y como sientes? Hay numerosas maneras sobre cómo puedes hacer esto. Lo que sea que te haga feliz y contento puede contar. Puedes, también, intentar maneras nuevas sobre como sentirte más calmado y más relajado. Como sabes, una mente en paz puede idear pensamientos más felices.

Por ejemplo, puedes intentar la meditación. De acuerdo a Fredrickson y otros investigadores, la gente que se compromete a la meditación tienden a tener más sentimientos positivos que aquellos que no. También, la gente que medita regularmente tiende a desarrollar capacidades valiosas. Tres meses después de que el experimento de Fredrickson fuera finalizado, los participantes que se involucraron en la meditación diaria han continuado mostrando conciencia y apoyo social.

No necesitas tener un lugar especial para meditar. No hay necesidad de que te dirijas hacia las montañas o hacia la playa. Puedes meditar en donde sea, siempre y cuando sea pacífico y silencioso. Solo siéntate y relájate. Inhala y exhala, y libera tu mente de los pensamientos negativos. Cierra tus ojos y concéntrate en tu respiración. Mantén tu mente enfocada en las cosas que quieres lograr en la vida.

Escribir es otra manera grandiosa que puedes intentar. A través de la escritura puedes expresar tus pensamientos más íntimos. Dejar salir a tus pensamientos puede aclarar tu mente y hacerte sentir más tranquilidad. Lo creas o no, escribir sobre cosas positivas puede, en realidad, afectar tu salud de una buena manera en un periodo corto de tiempo. Un estudio ha revelado que escribir sobre experiencias positivas puede propiciar un estado de ánimo mejorado y un cuerpo más fuerte.

Puedes llevar un registro o un diario. Cada día, registra tus sentimientos, pensamientos y actividades. No te preocupes por tener una gramática perfecta o tener sentido en absoluto. Es tu diario o registro personal, después de todo; nadie más tiene que leerlo. Está bien escribir sobre cualquier cosa sobre él. En caso de que sientas cualquier enojo o miedo, escribir sobre ello puede ayudarte a liberar los sentimientos negativos. Unavezquehayasterminado, tesentirásseguramentemejor.

Jugar también es recomendado si quieres vivir una vida larga y feliz. Mientras que el trabajar es importante, jugar no debería ser olvidado. Aun deberías divertirte de vez en cuando. Aun cuando tu horario sea muy ocupado, revisa que siempre encuentras tiempo para jugar. Puedes jugar algún deporte, juegos de mesa, e incluso videojuegos. Tomar un descanso de tu agitado estilo de vida es importante para mantener una mente y cuerpo balanceados.

Como dice el dicho, todo el trabajo y nada de juego hace de Jack (o Jill) un niño opaco (o niña). Debido a esto, deberías encontrar tiempo para jugar y disfrutar. Toma un permiso de tu trabajo aunque sea solo por un día. ¿De qué sirve todo el dinero que ganaras si no estarás saludable o vivo para disfrutarlo? Así que, toman un descanso y juega. Jugar es bueno para tu mente y cuerpo. Puede hacerte sentir bien y pensar pensamientos felices.

Además, deberías intentar hacer cosas que nunca has hecho antes. Deberías tener espacio para nuevas experiencias. Aunque la rutina puede hacerte sentir seguro y a salvo, el salirte de tu zona de confort puede, en realidad, hacerte sentir mejor. ¿Cuándo fue la última vez que hiciste algo extraordinario? Si nunca has escalado una montaña o corrido un maratón, deberías hacerlo ahora. Ganar nuevas experiencias puede hacerte sentir regocijado.

Existen muchas otras maneras para que seas feliz. Intenta involucrarte en actividades divertidas y rodearte de gente con actitud positiva. Empieza un nuevo pasatiempo como pintar, dibujar, esculpir o hacer manualidades. Tanto como sea posible, deberías mantenerte alejado de gente que está llena de pensamientos negativos. Aunque puedes intentar influirlos a ser optimistas. Solo asegúrate de que su negatividad no sea contagiada a ti.

Capítulo 3: Beneficios de Tener Pensamientos Positivos

Cuando te sientes decaído, tus amigos o familia pueden decirte que mires el lado bueno de las cosas o que veas el vaso como medio lleno, en vez de medio vacío. Estas palabras de aliento denotan que estas personas son pensadores positivos. El pensamiento positivo puede parecer poco útil, pero, de hecho, es muy útil. Hay numerosos beneficios que puedes obtener del pensamiento positivo. Si eres optimista, el éxito seguramente se atravesará en tu camino.

Ha sido encontrado que los pensadores positivos lidian con el estrés mucho mayor que los pesimistas. Cuando los pensadores positivos enfrentan una situación estresante, ellos simplemente la eliminan y continúan avanzando. A pesar de ello, ellos no viven en negación o pretenden que no hay ningún problema. Aun así, reconocen el problema, pero se rehúsan a ser dominados por ello. Los pensadores positivos están en control total de la situación, así que son capaces de manejar todo con gracia.

Ser capaz de lidiar con el estrés rápida y fácilmente es una ventaja definitiva. Si puedes hacer esto, serás capaz de triunfar en tu carrera. Por ejemplo, si aplicaras para un trabajo pero fueras rechazado, tienes dos opciones: deprimirte y perder la esperanza o ponerte de pie e intentar otra vez. Si eliges la primera, la cual es una opción negativa, permanecerás inactivo. Si no haces un movimiento para cambiar la situación, nunca conseguirás trabajo.

Por otra parte, si eliges la opción positiva, serás capaz de empezar de nuevo. Ser rechazado en tu primera búsqueda de trabajo puede ser doloroso. Puedes perder la esperanza y la auto-confianza. Puedes, incluso, sentirte no valioso para el trabajo. Pero si piensas positivamente y miras el lado bueno, te darás cuenta de que el trabajo que inicialmente buscabas puede que no sea el trabajo correcto para ti. Así que, intentaras e intentaras otra vez hasta que finalmente obtengas un trabajo. Tus pensamientos positivos pueden ayudarte a aterrizar en un mejor y más apropiado

Cuando estés motivado, nada será un obstáculo para ti. No importará si hay gente que constantemente quiera doblegarte. Los fracasos no serán gran cosa. La motivación te mantendrá intentándolo hasta que finalmente obtengas lo que te propongas.

El pensamiento positivo puede también mejorar la inmunidad. De acuerdo a investigadores, la mente puede tener un efecto muy poderoso en el cuerpo. De hecho, la inmunidad es un área en la cual tu actitud y pensamientos pueden tener una influencia poderosa. De acuerdo a un estudio, la activación de ciertas áreas del cerebro que están asociadas con las emociones negativas puede conllevar a respuestas de inmunidad más débiles hacia las vacunas contra la gripe.

Los investigadores Sephton y Segerstrom encontraron que la gente que eran optimistas en relación a áreas específicas de sus vidas han mostrado tener una respuesta de inmunidad más fuerte comparadas con aquellos que eran pesimistas sobre las suyas. Tener un sistema de inmunidad fuerte te permitirá vivir más. También, puede ayudarte a aterrizar en el trabajo de tus sueños. Deberías darte cuenta de que los empleadores no quieren contratar a gente que son débiles físicamente por que pueden ser responsabilidades para la empresa.

El pensamiento positive es, obviamente, bueno para la salud. No solo mejorará tu habilidad para lidiar con el estrés y fortalecerá tu sistema inmune, sino que también afectará tu bienestar general. Si eres optimista, tendrás un lapso de vida más largo. Habrásreducidoriesgos de enfermedadescardiovasculares. También, no serás propenso a la depresión; y como no estarás deprimido, muy probablemente no serás adicto al alcohol, cigarrillos, y drogas.

Como sabes, el engancharse con estas sustancias es malo para tu salud. Si no cuidas de ti mismo, serás dañado física, emocional y mentalmente. Sabes demasiado bien que nadie quiere contratar o hacer negocios con una persona que tiene problemas de salud. Si eres enfermizo o, frecuentemente, estas fuera de tu cabeza debido a las drogas, no serás capaz de hacer tu trabajo bien. Como resultado, tú y la compañía para la cual trabajas tendrán problemas.

Además, el pensamiento positive puede hacerte más atractivo. Si quieres ser hermoso y verte más joven, deberías siempre pensar pensamientos positivos. Deberías intentar evitar pensar en pensamientos negativos porque solo conducen al estrés. Estudios han probado que el estrés puede contribuir a envejecer rápido y a tener problemas de salud. Si siempre estas estresado, desarrollaras arrugas y líneas faciales feas. Tu piel se notara apagada y tu cabello será seco y quebradizo.

Capítulo 4: El pensamiento Positivo vs. El Principio Pollyanna

Si estas familiarizado con la ley de atracción, la cual es una de las leyes universales, sabes que tener pensamientos positivos puede conducir a resultados positivos. Lo que piensas es lo que obtienes. Por ende, si quieres tener buenas cosas en la vida, deberías pensar solo pensamientos buenos. Si no quieres atraer vibras negativas, deberías evitar pensar pensamientos desagradables.

Tener pensamientos positivos es verdaderamente benéfico. Sin embargo, no deberías tenerlos todo el tiempo. Tampoco deberías confundir el pensamiento positivo con el principio Pollyanna. El principio Pollyanna, también conocido como parcialidad de forma positiva o Pollyannaismo, es la tendencia de los individuos a estar de acuerdo con declaraciones positivas que los describen.

Este fenómeno es verdaderamente similar al efecto Forer o el efecto Barnum, el cual es la observación que la gente da altas puntuaciones de exactitud a descripciones de su personalidad que ellos piensan son específicamente adaptados a ellos, pero, de hecho son vagos y aplican a un amplio rango de personas.

De acuerdo a investigadores, la mente tiende a enfocarse en lo optimista en el nivel subconsciente. Por otra parte, tiende a enfocarse en lo negativo en el nivel consciente. La parcialidad subconsciente hacia lo positivo es usualmente considerada como el principio Pollyanna. Así que, antes de que te pongas anteojos color de rosa, asegúrate de que sabes la diferencia entre el pensamiento positivo y el principio Pollyanna.

Aunque el pensamiento positivo y el optimismo pueden tener muchos beneficios, aún hay tiempos en los cuales no sirvan bien. Ten en mente que tener pensamientos positivos no debería significar el desconectarte de la realidad. Es bueno enfocarse en el lado bueno de las cosas y no habitar en el lado feo, pero aun deberías estar alerta de los sucesos a tu alrededor.

Deberías ser muy cuidadoso de no volverte excesivamente optimista. Si lo haces, puede que experimentes problemas y dificultades. Por ejemplo, puedes sobreestimar tus habilidades y tomar más de lo que puedes manejar. Esto puede, eventualmente, conducir a más ansiedad y estrés. Por lo tanto, deberías saber exactamente de lo que eres capaz.

No es recomendable favorecer el lado positivo sobre la realidad. Psicólogos recomiendan que el pensamiento positivo debiera ser sobre creer en tus capacidades, tener un enfoque optimista hacia los retos, y sacar lo mejor de circunstancias desfavorables. Las cosas malas son inevitables; no puedes deshacerte del mal completamente, aun si lo intentas con tus pensamientos positivos. Siempre habrá gente que tratara de doblegarte, calamidades naturales, y eventos desagradables sobre los cuales tú no tienes nada de control. Te sentirás lastimada y decepcionada. No obstante, deberías seguir adelante sin importar lo que suceda. Mantén tu cabeza en alto y sacúdete las cosas malas.

Está bien entristecerse y enfadarse por un rato, pero no deberías deprimirte por el resto de tu vida. Tienes que hacer algo sobre las cosas malas que experimentas. Ya sea que los dejes colarse bajo tu piel o te los sacudes. Si quieres triunfar en la vida, deberías optar por la segunda opción. En vez de estar abrumado con emociones negativas, deberías disponerte para alcanzar tus metas.

Capítulo 5: Éxito en Carrera y Relaciones

El optimismo puede resultar en una mejor salud y apariencia. Cuando estas lleno de pensamientos positivos, puedes ser capaz de evitar varias enfermedades. También te verás radiante y fresco. Lo que es más, podrás mejorar el estado de tu carrera y relaciones personales. Los pensamientos positivos pueden realmente hacer una diferencia en tu vida. ¿Cómo puede esto pasar?

Tener pensamientos positivos puede ayudarte a crecer. Si no crees que algo es posible, no podrás ser capaz de lograrlo. Tus pensamientos negativos solo te prevendrán crecer y tomar oportunidades. Ten en mente que tus sueños y ambiciones son fomentados por la energía positiva que les das.

El pensamiento positive también te puede ayudar a construir auto-confianza. Deberías tener pensamientos positivos desde el momento en el cual enviaste tu solicitud de trabajo hasta que has sido aceptado para el puesto. Nunca deberías parar de ser optimista aun después de que has obtenido el trabajo que siempre has querido.

Durante el proceso de solicitud, es solo natural que te sientas nervioso. Esto es especialmente verdad si es tu primera vez solicitando un trabajo. Puede que hasta te sientas no merecedor si otros solicitantes tienen mejor una mejor formación educativa o más experiencia laboral que tú. Sin embargo, estos factores por si solos no deberían doblegarte.

Deberías mantenerte seguro y continuar con tu solicitud. Si te sales de esto pronto, no serás capaz de obtener el trabajo, y si no consigues un trabajo, tendrás mas problemas porque no tendrás dinero para pagar tus necesidades. En vez de sentirte inseguro con tu competencia, deberías hacer tu mejor esfuerzo para superarlos.

Si quieres impresionar a tus entrevistadores, deberías mostrar una actitud segura y brillante. Deberías sonreír y ser amigable. Deberías mostrarles que eres entusiasta para obtener el trabajo y trabajar para ellos. Los empleadores quieren contratar gente que es eficiente y que tengan una perspectiva positiva en la vida. Ellos quieren a una persona optimista que pueda crecer con la compañía.

En caso de que no hayas sido aceptado, no deberías perder la esperanza. Deberías mantener una actitud positiva y continuar buscando trabajos que son partido para tu conocimiento y capacidades. Como dice el cliché, deberías intentar e intentar hasta que lo logres. No deberías dejar que los fracasos eviten que tengas una carrera fructífera.

Una vez que te aceptan en el trabajo, no deberías ser complaciente. Deberías siempre trabajar duro para poder ser ascendido. Cuando te encuentres con gente que son celosas de tus habilidades, deberías mantener un aura positiva. No dejes que te afecten de una manera negativa. Mantente alejado de ellos y de su negatividad tanto como sea posible.

No deberías estancarte en la negatividad porque esto solo limitara tu habilidad para sentirte bien sobre ti mismo y tu éxito. Si quieres ser más confiado, deberías deshacerte de tus pensamientos negativos. La confianza puede servirte bien en tu carrera. Si eres confiado, no tendrás problema alguno al lidiar con clientes, compañeros de trabajo, y otra gente.

Tener un aura positive también te permitirá hacer amigos en tu lugar de trabajo. Como sabes, nadie quiere estar cerca de alguien que emite un aura negativa. Si eres alegre y simpático, te llevaras bien con tus compañeros de trabajo fácilmente. Ellos estarán felices de ayudarte cuando necesites ayuda con un proyecto u otras cosas.

Albergar pensamientos positivos te mantendrá también motivado en hacer tu trabajo. No querrás faltar al trabajo. Individuos deprimidos tienden a tener dificultades para salir de la cama cada día para alistarse para el trabajo. Esto es porque se enfocan en las cosas negativas que experimentan y continúan formulando pensamientos negativos en sus mentes.

Los individuos deprimidos no ven el lado brillante de las cosas. Son también, usualmente, débiles debido a su falta de apetito, son enfermizos, o están, seguido, estresados. Ten en mente que los pensamientos negativos pueden conducir al estrés, y el estrés puede conducir a una variedad de enfermedades. Si te enfermas, obviamente, no serás capaz de ir al trabajo.

La ansiedad y la depresión pueden seriamente frenarte en tu carrera. Es por esto que deberías hacer lo mejor posible para evitar deprimirte. Continúa pensando en pensamientos positivos para poder ser más productivo. Cuando estés feliz e inspirado, serás capaz de hacer las cosas más eficientemente. Por otro lado, si te enfocas en las cosas negativas, perderás mucho tiempo quejándote.

La gente negativa usualmente se queja sobre todo tipo de cosas. Se quejan sobre la administración, su espacio de trabajo, o sus compañeros de trabajo. Si te enfocas en los aspectos negativos, no serás capaz de concentrarte en tu trabajo. No serás capaz de terminar nada, y solo empeoraras tu estado de ánimo.

Al igual que con tu carrera, serás capaz de obtener máséxito en tus relaciones personales si eres optimista. Si siempre te enfocas en los rasgos negativos de tu familia y amigos, no serás feliz cuando estés cerca de ellos y vice-versa. Ellos pueden cansarse de que los critiques y los fastidies todo el tiempo.

También, si nunca te quedas sin comentarios negativos sobre diferentes cosas, tus amigos y familia pueden empezar a evitarte. Puede que no deseen estar cerca de ti por temor a que tu energía negativa sea contagiosa. La gente generalmente no quiere estar cerca de aquellos que nunca aprecian nada o a nadie. Si quieres tener una relación significativa con la gente que aprecias, deberías siempre pensar sobre ellos positivamente.

Conclusión

¡Gracias otra vez por descargar este libro!
Espero que este libro haya sido capaz de ayudarte a averiguar cómo puedes convertirte en una persona más positiva.
El siguiente paso es aplicar lo que has aprendido de este libro a tu vida.
¡Gracias y buena suerte!

Parte 2

Capítulo 1: Pensamiento correcto - Pensamiento negativo - Pensamiento positivo

Haga click aquí para obtener acceso instantáneo gratuito

El punto de partida para realizar cambios permanentes y a largo plazo en tu vida comienza con poder diferenciar entre el pensamiento correcto, el pensamiento negativo y el pensamiento positivo.

Piensa en alguien que se sienta a tocar el piano. Cuando esta persona toca, la armonía, el equilibrio y la melodía real no se perciben en la canción porque todas las notas que ha tocado son incorrectas. Esta persona eventualmente se cansará de la falta de armonía, el poco placer que provoca su música y se decidirá a buscar un maestro. El profesor probablemente le dirá, "tienes el potencial para tocar el piano, pero necesitas comprender la música".

Cada uno de nosotros, tu incluido, tenemos la capacidad de participar en el juego de la vida con armonía, equilibrio y alegría, pero primero debes comprender las reglas y los principios involucrados.

Cada una de nuestras vidas funciona de acuerdo con la ley y los principios de la física. Si no fuera así, nunca habría existido nada como electricidad, los avionesno funcionarían sin la gravedad y la suma de uno más uno no sería igual a dos. Estas leyes del universo son totalmente infalibles.

Además de ser confiables, estas leyes universales también son inmutables. Puedes depender de ellas y siempre funcionarán. En términos simples, el universo nunca te decepcionará. No le importa si eres joven o viejo, bajo o alto, delgado o gordo, si eres hombre o mujer. La energía, el poder y la fuerza son neutrales y podremos dirigirlas a nuestras creencias e ideas.

Tu palabra es ley

Lo que esto significa es que tu palabra es la ley en el universo. Sin embargo, necesitas comprenderlas pues sin ellas no podrás crear lo que deseas. La ley central a la que se ajustan todas las demás es la de causa y efecto. Es la que establece que el efecto o resultado de cualquier condición debe ser igual al de la causa. Esta es siempre una creencia o idea. Otra forma para describir esta ley es usando el ejemplo de acción y reacción o sembrando y cosechando.

Esta ley es impersonal al igual que la luz del sol. Cuando te paras al sol, recibirás los beneficios curativos de los rayos solares y su calor. Cuando te mueves a la sombra, el sol deja de brillar sobre ti. ¿Pero quién te movió del sol a la sombra? ¿Quién te desplazó hacia la oscuridad? La verdad sea dicha, permanecemos en la oscuridad debido a lo ignorantes que somos.

El problema de la ignorancia
Para recapitular, la ley de causa y efecto es impersonal. Esta es la razón por la que ves a muchas personas que podrías considerar buenas con sus vidas plagadas de problemas y desastres. En algún momento de sus vidas, estas personas habrán malinterpretado o usado mal esta ley. Esto no quiere decir que sean malos, ni

tampoco que tales personas no conozcan el amor. Implica que a través de la mala interpretación y la ignorancia han hecho un mal uso de la causa y efecto. Este ejemplo puede aplicarse a cualquier ley natural. Por ejemplo, la gravedad o la aerodinámica no te matarán por sí mismas pero si lo hará tu mala interpretación de cómo funcionan, sin importar si eres una persona amable y cariñosa.

Este universo es como un río. Seguirá fluyendo incluso si estas feliz o triste, si eres bueno o malo. Algunas personas van al río cuando están felices mientras que otras acuden cuando están tristes. Pueden llorar desconsoladas en el pero al río no le importa; seguirá fluyendo. Esto también es aplicable al universo. Puede apoyarte o destruirte. Es el cómo interpretas y usas la acción y reacción lo que al final determinará los efectos y resultados.

Solo puedes recibir lo que tu mente es capaz de aceptar. Puedes ir al río de la vida con una taza mientras que alguien más irá con una cuchara. Otra persona irá con un barril, así como una distinta irá con un cubo. Una cosa, sin embargo, se mantiene intacta. La abundancia de este río siempre estará allí esperando por todos ustedes. Son tu conciencia, tus ideas, tu marco de referencia o sistema de creencias lo que marcara si irás a este río de la vida con una taza, cuchara, barril o cubo.

Si tienes un pensamiento empobrecido iras al río de la vida con una cuchara y acabaras maldiciendo la poca capacidad que esta tiene. Puedes maldecir a los que tienen más que tú. Sin embargo, recuerda siempre que las maldiciones se revierten. El río está ahí y rebosa de abundancia. Puedes decidir ir al río de la vida con un barril, un cubo o cualquier cosa que desees. Lo que elijas tomar del río de la vida depende de ti. Lo único que te limitará es tu mente. La verdad es que puedes conseguir todo lo que quieras si renuncias a la creencia de que puedes tenerlo. ¡Es así de simple!

Las creencias pueden convertirse en limitaciones

Todas tus experiencias probablemente te

han llevado a creer ciertas cosas sobre ti mismo. Ya sean reales o no, si las aceptas como verdaderas entonces lo son para ti. Si aprendes a hablar por mucho tiempo, entonces se convierte en la ley del universo. No hay nada que puedas hacer al respecto más que cambiar de opinión. Si plantas una semilla de tomate, te dará tomates. No decidirá cambiar y darte pepinos porque cree que son buenos para ti. El suelo te dará los tomates una vez que plantes las semillas de tomate, incluso si eres alérgico a ellos.

Tómate un minuto y reflexiona las creencias que forman la base de tu vida. Todos tenemos dogmas que hemos acumulado a lo largo de los años: opiniones, ideas, condicionamientos y actitudes. Estamos tan contentos de lo que sabemos que cuando alguien nos desafía, nos resistimos pensando a menudo: "No me enseñes nada nuevo. Tengo mis propias creencias, ¿cómo te atreves a intentar cambiarlas? He tenido estas ideas toda mi vida ¿y ahora me dices que estoy equivocado? No quiero escuchar nada de lo que digas". Así que terminamos viviendo con un montón de creencias llamadas política y religión, dogmas conjuntos de otras personas, ya sea que estemos de acuerdo o no, sobre nosotros mismos y los demás.

La mayoría de las cosas en las que creemos fueron recopiladas de experiencias pasadas de un grupo de individuos y no siempre son ciertas; pero hemos creído que son verdaderas para que podamos sobrevivir. Dado que la voluntad de sobrevivir y el deseo de tener fe son fuertes, tú construyes reglas sobre cómo es la vida y cómo se desarrolla. Tarde o temprano, estos conjuntos de reglas se convierten en creencias. Desafortunadamente, estas creencias tienen la posibilidad de convertirse en limitaciones.

Romper las creencias erróneas
La verdad del asunto es que solo puedes alcanzar tus metas en la medida en que estés preparado para deshacerte de esas

creencias erróneas. Cuando experimentas el fracaso, la enfermedad o la falta de anhelos, se debe principalmente a las restricciones en tu mente. Lo triste es que a pesar de que nuestras vidas no van según lo planeado en ciertas áreas, todavía tenemos miedo de cambiar. Estamos profundamente encerrados en nuestra zona de confort, no importa cuánto nos destruya. Sin embargo, la única forma en que podemos salir de allí, de liberar todas esas limitaciones y problemas es incomodarnos. La única vez que experimentamos la libertad es aceptando la verdad acerca de nosotros mismos sin escaparnos de ella.

Debemos dejar de engañarnos; deja de evitar los conflictos,de culpar a los demás y comienza a enfrentar el hecho de que pudiste haber aceptado creencias inviables que son directamente responsables de todos los eventos que suceden en tu vida. No se trata de cambiar de pensamiento negativo a positivo, sino de cambiar a "pensamientos correctos". Esto significa que nos estamos moviendo o cambiando a la verdad absoluta de quiénes somos realmente y cómo nos relacionamos con la vida.

El pensamiento correcto, que se basa únicamente en la verdad y no en ilusiones, es la clave para determinar la solidez de todas las demás ideas. El pensamiento negativo y positivo se filtra a través de nuestro sistema de creencias. Logramos un pensamiento correcto una vez que nos damos cuenta de la realidad sobre cualquier situación.

Saber que la verdad te hace libre
Esfuérzate por saber siempre la verdad sobre cualquier situación en la que estés involucrado. Mira tu sistema de creencias actual y pregúntele a tu yo superior "¿qué hay deverdad en todo esto?" Tu yo superior siempre te revelará la verdad, pero solo si estás dispuesto y listo para escucharlo. Cuando basa todas sus decisiones en la verdad, también utilizará el pensamiento correcto. No se tratará de ser negativo o positivo sino que simplemente ser tú mismo y una vez que

así ocurra estarás permitiendo que tu ser superior exponga la verdad, cada situación en la que te involucres se resolverá siempre de formaperfecta. Esto puede sonar místico, pero la ley de causa y efecto jugará un papel en ella.

El punto inicial del éxito
El objetivo de todos los grandes maestros desde el comienzo de los tiempos fue enseñarnos que somos responsables de nuestra propia realidad. Más concretamente, somos responsables de todos los eventos del día a día en nuestras propias vidas. Esto incluye lo malo, lo bueno y lo desagradable. Si creemos que algo o alguien a parte de nosotros mismos es responsable de los problemas en nuestras vidas, entonces debemos mirar hacia afuera para encontrar la solución. Para encontrar las respuestas verdaderas a nuestros problemas debemos comenzar por vernos a nosotros mismos desde una perspectiva diferente, lo que nos ayudará a

ver los eventos y personas de una manera diferente. Nuestro mundo interior es más o menos lo mismo que el mundo exterior. Es importante que tengas en esto cuenta. ¿Cuántas personas que están preocupadas no han pensado en este hecho? Ninguna cantidad de fuerza de voluntad, motivaciones, inspiración o determinación resolverá nuestros problemas si buscamos las respuestas fuera de nosotros mismos.

Ley de la atracción
Todo lo que viene a ti lo hace debido a la ley fundamental de la física: ¡LOS POLOS SE ATRAEN! Esta es la ley de la atracción. Al igual que otras leyes naturales esta ley de atracción funciona con exactitud matemática. Es impersonal e imparcial, lo que implica que funcionará, lo desees o no.

No tiene nada que ver con tus creencias religiosas ya que la personalidad puede ser de una persona buena, mala o cualquier otra cosa. No hay unasola alma que viva fuera de esta ley. Es una ley inexpugnable tan real como la de la gravedad. Antes de que la ya mencionada ley de gravedad se descubriera, pese a que nadie sabía que existía, se veían afectados por ella. Este es el mismo caso con la ley de atracción. La mayoría de nosotros no somos conscientes de cómo funciona, pero todavía nos afecta.

No es importante que conozcas como funciona de la ley de la gravedad para que flotes en el espacio. Del mismo modo, no es obligatorio que conozcas los mecanismos detrás de la ley de atracción para que te afecte en la vida.

Puede que no te hayas dado cuenta de esto, pero todo lo que sucede en tu vida es atraído, invitado y creado por ti. No hay excepciones a esto. Es posible que esta no sea una buena noticia si tu vida va mal o no funciona como lo planeaste. Además, dado que la mayoría de nosotros no estamos tan contentos con lo que hemos creado en nuestras vidas nos hemos convertido en profesionales atrayendo en exceso circunstancias que no quisiéramos tener.

Nuestras mentes trazaránlo que es familiar

para ellas. Los que están asustados siempre atraerán experiencias espantosas. Aquellos que están confundidos atraerán más y más confusión.

Dado que atraemos lo que estamos pensando, sería sensato decir que deberíamos estar atentos a los pensamientos intuitivos que controlan nuestras vidas.

Siempre tienes razón
La función más importante de la mente intuitiva es seguir las directivas de la mente consciente. Lo haces determinando lo que la mente consciente piensa que es verdad. En términos simples, el rol principal de la mente intuitiva es mostrar que la mente consciente siempre tiene la razón.

Entonces, si crees intencionalmente que no puedes ser o tener algo, la mente intuitiva generará las circunstancias para demostrar que tienes razón. La mente intuitiva funciona igual que el piloto automático de un avión. Si se ha configurado para tomar el avión hacia el este, puedes cambiarlo simplemente tomando los controles y configurándolo para que vaya hacia el norte. Sin embargo, cuando lo sueltes el piloto automático que estáprogramado para ir hacia el este, llevará al avión hacia esa dirección.

Tu subconsciente no cambiará la verdad del mundo que te rodea. Simplemente asimilarala información que le presente para que pueda apoyar tus creencias o la imagen que has establecido en tu mente. Por ejemplo, si crees firmemente que un negocio es malo y que no existe una nueva oportunidad para ti, la mente intuitiva desechará todas las nuevas oportunidades que tengan que ver con ese negocio. En su lugar, señalará todos los problemas que apoyarán tu creencia y las cosas malas que reforzarán la idea de que no tienes oportunidades.

Tu mente intuitiva no puede pensar por sí misma. En su lugar, atrae a ti solo aquellas cosas que están vinculadas a las vistas internas más profundas. Si no puedes ver esto como la verdad y te niegas a darte cuenta eres el responsable directo de crear tu realidad a partir de esas ideas y serás incapaz de cambiar o alterar tu vida para mejorarla. Como alternativa, tendrás este sentimiento de ser una perpetua víctima de las situaciones, circunstancias y personas.

Una vez que te aceptas a ti mismo como inútil, comienzas a buscar a alguien o algo a parte de ti para cumplir y satisfacer tus deseos. Una vez que entiendas todo lo que deseas, puedes crearlo a través de tu mente, a través del pensamiento correcto, que es bastante simple. Habrás llegado a la conclusión de que eres la única persona que puede obtener lo que deseas.

Creyendo en tu poder creativo
Para llegar donde quieres, debes creer en el poder que está dentro de ti. Ahora, cuando se te pide que creas en ese poder, inmediatamente dices: "Mira la enfermedad, mira la desnutrición. Mira a los países devastados por la guerra y, sin embargo, ¿todavía me pides que tenga confianza en ese poder? Si realmente existiera, ¿por qué entonces existe todo

eso?"

Bueno, lo cierto es que no permite que nada de aquello suceda. Recuerda que en algún momento dijimos que este poder es "neutral". Es simplemente el poder creativo, la fuerza neutral de la vida. Este poder o fuerza vital puede usarse para crear cualquier cosa que queramos en nuestras vidas. No importa incluso si decidimos elegir la ignorancia. Nos respaldará incluso en eso hasta que podamos aprender de ello. La causa y el efecto siempre serán iguales. Si estás en una zanja, implica que el poder te está apoyando para estar en esa zanja. Si su vida es muy exitosa, implica que el poder apoya tu éxito. Todo sale de tus ideas.

El poder directo de tus pensamientos
Desde el principio, mencionamos que las ideas que tenemos se adaptan a nuestros resultados. Para ponerlo de otra forma, se hará como tú lo creas y no como lo quieras. Hay una gran diferencia entre estos dos. Mientras estás pensando el universo se mueve. Esto implica que una

vez que expongas una idea al universo, las cosas, los lugares y las personas entrarán en tu vida para garantizar que esta idea se cumpla. Cuando empiezas a pensar, desencadenas las situaciones para que sucedan.

Tómate un minuto y observa lo que ese poder ha hecho en este mundo. Mira las maravillosas creaciones que te rodean. La magnífica noticia es que el mismo poder que creó todas esas cosas maravillosas se encuentra dentro de ti. Y mientras más receptivo y abierto te vuelvas a este poder, más bella y satisfactoria será tu vida. Si todo esto es cierto, ¿cómo funciona exactamente ese poder? Lo cierto es que todos lo usamos indirectamente. Déjame explicarlo.

Hoy, cuando subiste a tu automóvil, ¿qué procesos seguiste? Bueno, tuviste seguro que poner la llave en la ranura de encendido, girarla para que el motor arranque y finalmente haciéndolo funcionar. Este motor de arranque funciona con electricidad. Si te preguntas, ¿cuál es la fuente directa de esta electricidad? ¿Es la batería? La respuesta es no. La batería no es una fuente independiente, requiere de alguna energía externa para funcionar. Tu ser superior es básicamente una batería dentro de ti que se carga por mediodel universo. Esta energía será utilizada para el propósito de la creación.

En Física, existe la ley de Ohmios que establece que C es igual a E dividido por R. Entonces C es la inicial de la energía eléctrica disponible para alimentar cualquier aparato eléctrico que se estés planeando usar. Por ejemplo, C es equivalente a la electricidad que necesitará tu computadora portátil para funcionar. La potencia necesaria para ejecutar la computadora portátil es el resultado de E, la fuente de alimentación directa es dividida por R. Ahora, supongamos que la línea de alimentación principal ingresa al edificio donde vives 500,000 voltios, pero la recibes en tu casa de 100 a 200 voltios para encender los electrodomésticos. Para lograr esto, las líneas eléctricas tendrán transformadores que reducirán la potencia que recibirás en la casa y la harán segura para su aplicación.

¿Por qué usé este ejemplo? Es porque la energía que se usa para hacerte funcionar, como los aparatos eléctricos, es la misma que la que tienes disponible. El máximo poder del universo es fácilmente accesible para ti, pero también contiene la sabiduría infinitaque es como un transformador. Mientras que tu ser superior está puesto en el poder máximo del universo, este mismo poder contiene suficiente sabiduría para colocar algunos transformadores en medio y aislarlo para que no recibas demasiado poder antes de estar preparado para usarlo, evitando así que acabes agotado .

Ahora, en caso de que quieras aportar potencia extra, ¿qué es lo más viable? Tendrías que encontrar menos resistencia y cambiar el cableado para acomodar el flujo adicional de energía.

Cómo obtener más poder
Aquí haremos referencia nuevamente al

ejemplo del agua que usamos anteriormente ya que se requieren contenedores más grandes para llevar más cantidad. No debes esperar que, dado que tu ser superior está conectado al Poder Supremo, la sabiduría y la inteligencia del universo, puedas simplemente activarlo en su totalidad ya que de hacerlo podrías explotar. Por lo tanto, para hacer que nuestras vidas funcionen y canalizar esta energía tenemos que encontrar un canal más grande por el que pasará la Inteligencia Creativa. Para ampliar este canal, tenemos que ampliar nuestra conciencia. Esto implicará expandir nuestras creencias e ideas con respecto a nosotros mismos y nuestras relaciones con este poder. En el proceso de hacer esto comenzaremos a experimentar más y más de este Poder Máximo y nuestro potencial de creación aumentará.

Somos seres creativos y tenemos el potencial de hacer aún más. De hecho, siempre estamos en el proceso de crear, por instinto o de forma intencional. Al saber quiénes somos exactamente y el proceso a través del cual se puede expandir el poder interno, podemos comenzar a cambiar nuestra creación de un estado inconsciente a uno consciente.

Una vez que alcancemos el nivel consciente, estaremos en condiciones de tomar nuestras propias decisiones. Basándonos en nuestra creatividad inconsciente, no podremos tomar ninguna decisión.

Es posible que hayas oído hablar del "poder de elegir", pero no es del todo cierto. Sería engañoso decir que alguien buscará intencionalmente una relación disfuncional, que se ahogara en sus deudas o decidirá conformarse con todas las cosas negativas en sus vidas. En la mayoría de los casos, estaremos funcionando en nuestro "modo predeterminado" que se centran en algunos de los eventos o actividades del pasado.

Cuando hablamos de elección, queremos decir que estamos siendo conscientes. De lo contrario no somos capaces de tomar decisiones con claridad. Te manejarías con el "piloto automático" o "predeterminado". Este último puede denominarse como modo de supervivencia. Es donde nuestras mentes asumen nuestras acciones sin estar conscientes de ello.

La elección comienza cuando dejamos de reconocer nuestros patrones condicionados vinculados a nuestro pasado. Hasta que lleguemos a este punto, estamos inconscientes. Esto implica que nos vemos obligados a pensar, actuar y sentir de ciertas maneras según el condicionamiento de nuestra mente. Una vez que somos capaces de tomar decisiones, dejamos de ser víctimas de nuestras propias partituras.

Si tu pensamiento negativo inconsciente no apoya lo que deseas, en lugar de intentar eliminarlo, puedes centrarlo en el "pensamiento correcto". Este pensamiento es un patrónbasado en la verdad y debe ser correcto en todo momento.

El crecimiento no puede ocurrir sin el descontento

El ser superior en ti siempre estará en posición de determinar qué es lo mejor para tu persona. Todo lo que debes hacer es asegurarte de que deseas algo mejor de lo que tienes actualmente. Llega a la conclusión de que *no puedes crecer sinincomodidad*. Si bien puede estar pensando que es necesario vivir en el presente y estar contento con lo que tienes, también es algo crítico aprender del pasado.

Echa un vistazo y aprende sobre tu propia insatisfacción porque arrojará algo de luz sobre quien eres. La vida siempre estará en constante cambio. ¿Cómo planeas trazarlo? ¿Vas a pintar limitaciones y escasez? Si haces esto, todo lo que verás serán los mismos límites y carencias.

¿Está atado a tus limitaciones?
¿Has notado que los grandes elefantes en el circo están atados a la estaca de madera por una simple cuerda? De manera similar, los bebés elefantes normalmente están encadenados alrededor de sus cuellos y

asegurados firmemente a una estaca de metal que está profundamente excavada en el suelo. La explicación más lógica a esto es que deben evitar quelos bebés elefantes se liberen. Si la estaca es clavada profundamente en el suelo y se usa una cadena mucho más fuerte para restringir al joven elefante, este no podrá escapar. En última instancia, llegará un día en que dejará de luchar. Este es el momento en que la estaca y las cadenas de metal serán reemplazadas por una estaca de madera y una cuerda delgada.

La administración del circo hace estos cambios porque saben que el joven elefante ha sido condicionado para pensar que es imposible huir. Al crear tus propiaslimitaciones a través de tu sistema de creencias, estarás haciendo lo mismo que el elefante joven. Te limitas no por la realidad, sino por lo que percibes que es.

Cuando era niño, solía tener una gata que parecía pensar que no podía saltar en superficies altas, por lo que ni siquiera lo intentaba. A medida que pasaba el tiempo ella se volvió senil y olvidó que no podía saltar. Un día, volvimos a casa de la iglesia y la encontramos sentada en el estante más alto de la casa. En el proceso, ella había derribado objetos valiosos y libros. Como un ejemplo destacable, en su mente senil gatuna, ¡ella olvidó lo que no podía hacer! En nuestro caso, ¿qué crees que podría pasar si te volvieras senil de manera positiva? Podrías simplemente dejar de lado todos los pensamientos negativos de lo que no puedes realizar y hacer algo finalmente.

Entendiendo las reglas de la vida Comprende que si tu vida resulta ser lo que no esperabas es porque has aceptado las falsas creencias que te impiden ser o lograr lo que quieres. Lamentablemente, la mayoría de las personas se sienten atrapadas en esto. Cuando miras al rededor y ves la miseria, el sufrimiento y las carencias, las personas bienintencionadas hace del mundo un lugar mejor. Sin embargo hay individuos que se dan por vencidos y creen que para sobrevivir tienen que arrebatarles las cosas a otras personas.

Apenas nos tomamos unos momentosbuscando respuestas a esta confusión. Difícilmente, tales individuos tomarán algún tiempo y observarán cuáles son las reglas de la vida. Eventualmente, lo que sucede es que al ignorar todo esto, tienen que esforzarse y luchar para obtener lo que quieren. Y lo triste es que por lo general no les funciona.

Participando en el juego de la vida
La vida tiene que ver con la lucha. Algunas de las personas jugarán juegos de enfermedad, lucha, pobreza, de tener la razón en todo momento o en aquel de llegar tarde siempre. Hay otros sin embargo que jugarán el juego de la abundancia, la felicidad y la salud. Te ayudará a comprender que cada persona participará en un juego que él o ella establezca. Si el juego en el que deseas participar no trae beneficios, deja de jugarlo ya sea de forma inmediata o paulatinamente.

Echa un vistazo más de cerca a tu propia

vida. Intenta ver la satisfacción secreta que deriva el no tener el control total de tu vida. ¿Hay alguna satisfacción secreta que surja de ser una víctima? ¿Cómo podrías disfrutar sintiéndote pobre, inútil o débil? La respuesta a esto se encuentra en el valor de pago o recompensa. Por ejemplo, si participas en el juego de la debilidad, otras personas tendrán que cuidarte, amarte y protegerte. Esta es la mejor manera que puedes usar para llamar la atención. Si eliges jugar el juego de ser indeciso en todo momento, habrá personas que tomarán decisiones en tu lugar que afectarán tu vida. De esta manera, estará protegido de la culpa cuando se tomen malas decisiones. En otras palabras, si te atas las manos a la espalda puedes estar seguro de que habrá alguien que cuidará de ti. Al jugar al juego indefenso, estarás controlando a otras personas. El poder que tienen las personas "inútiles" es increíble. Son realmente buenos para hacer que otras personas desempeñen el papel que quieren.

Mira lo que estás ganando con la

recompensa. Un buen ejemplo es la enfermedad. Mira el valor que obtienes por estar enfermo. En la parte posterior de su cabeza, puede estar pensando: "Esto es cruel e insensible. No tienes idea de lo que he sufrido." De hecho, no es cruel. Sería más cruel negar que estás enfermo. Lo que realmente estás insinuando es que cualquier enfermedad que sufras tiene más poder que tú para elegir tu destino. La pregunta lógica aquí es: ¿*"quién"* da y permite que la enfermedad tenga tanto poder?

Si estás enfermo, tómate un tiempo y mira lo que te está deprimiendo sin juzgarte a ti mismo. Deja que te diga algo. Debes saber que a pesar de todo lo que le está sucediendo a tu cuerpo, todo comienza en tus pensamientos. La enfermedad es tu cuerpo reaccionando al estado de la mente. Dado que nuestros cuerpos son el mecanismo de retroalimentación de nuestra mente siempre nos permitirá saber lo que está sucediendo en nuestra conciencia. Permite que tu cuerpo te enseñe.

Es fascinante que en la sociedad en la que vivimos está bien si gastamos hasta $50,000 en el tratamiento de un ataque cardíaco, pero es totalmente incorrecto cuando gastamos la misma cantidad cuando nos divertimos. Por lo que veo la opinión de la gente sobre ello es que con ese dinero que usas para divertirte puedes atenderte muchos ataques al corazón. Sin embargo, piénselo bien, se percibe a la diversión como algo anormal mientras que experimentar dolor es considerado común.

Esperar es una trampa
¿Por qué esperas estar vivo, saludable y feliz, el comenzar a poner en práctica esa idea de negocio en la que has estado pensando durante mucho tiempo o salir de esa relación en la que estás atrapado? Cuando empieces a esperar, te estarás envolviendo a ti mismo. Siempre estamos esperando que la economía mejore, que las tasas de interés caigan en un cierto margen o que alguien cambie. En caso de

que no lo hayas notado, siempre encontrarás una razón para esperar.

¿Qué sucede si no recibes la ayuda que está esperando?

Una vez tuve una amigaque erajoven,hermosa e inteligente. Tenía toda una vida por delante y, sin embargo, intentó suicidarse con drogas y sustancias tóxicas. Probablemente te estés preguntando por qué ella intentaría cometer este acto atroz. Cuando me decidí a preguntarle me dijo que sentía un gran vacío. Sin embargo, ella no tenía idea de que era la responsable de su propia vida y podía crearla tal como ella quisiese que fuera. En cambio esperaba que alguien viniera y le trajera la felicidad que tanto anhelaba. Triste para ella, esta personaque esperaba jamás llegó.

Esta noción que tenemos sobre hacer felices a otras personas o ese deseo de tener a otros para proporcionarles felicidad en nuestra vida explica el proceso organizado de nunca acabar para crear un lugar mejor.

La principal ilusión que tenemos es que podemos desarrollar una sociedad que funcionará en un nivel espiritual y psicológico más alto que el que tenemos actualmente. La mayoría de las personas nos alentarán a trabajar por un mundo o una sociedad mejor. Este es un gran error. Dado que no podemos crear nada más avanzado que nuestro nivel de conciencia, la sociedad en general no mejorará.

La organización general para el cambio social solo agregará un nuevo tipo de carga sobre la ya existente. La mente confundida no tiene idea de qué hacer con todo lo que este sistema social nos impone. Sin embargo, cuando intentamos desesperadamente mejorar las cosas, nos vemos obligados a dar sentido estas tonterías.

El principal problema es que estamos tratando de "corregir" los "errores" del mundo desde afuera. Estamos tratando de cambiar el mundo exterior cambiando a la fuerza lo que nos rodea.

Desafortunadamente, este enfoque de afuera hacia adentro está destinado a fallar ya que nos enfocamos en el efecto más que en la causa.

Cambiando el enfoque de adentro hacia afuera

Es importante que nos recordemos a nosotros mismos ya todas las demás personas que podemos y debemos pensar en cambiar el mundo desde adentro hacia afuera. Ha quedado claro que el enfoque de afuera hacia adentro no funciona y nuncalo hará. La solución duradera para la escasez, la limitación y la carencia depende de nuestra capacidad para convertir nuestro potencial interno en realidad.

La única forma en que podemos sanar al mundo es curándonos primero a nosotros mismos. Puede que no sea la primera vez que escuchas esto, pero es fundamental que nos recordemos quiénes somos exactamente y de lo que somos realmente capaces. Necesitas hacerte cargo de todo lo que se te ocurra hacer. A través de la ley de atracción, acercamos a nosotros inconsciente o conscientemente todo lo que pensamos. Participamos y hasta cierto punto somos responsables decualquier cosa que nos hayan hecho las personas, en el presente o en el pasado. En esencia, no hay nada como las víctimas, solo voluntarios. Esto puede ser muy difícil de aceptar, pero al hacerlo, estás en una mejor posición para cambiar las cosas a mejor.

Hemos cultivado esta cultura de echarles la culpa a los demás. Sin embargo, si el reloj en tu muñeca indica la hora incorrecta, ¿qué harías al respecto? ¿Te molestarías en pedirles a todos a tu alrededor que ajusten su reloj acorde al tuyo? Desafortunadamente, ignoramos todo esto cuando nuestras vidas no van según lo planeado. En cambio, insistimos en que la realidad es la que debe adaptarse a nuestra propia ilusión.

Capítulo 2: La verdad sobre ti

Si quieres tomar el control de tu vida, es fundamental que entiendas quién eres realmente. Tu autoimagen, que te retrata y la que tienes en mente, se convierten en la clave de tu vida. Todos tus sentimientos, comportamientos, acciones y habilidades son un verdadero reflejo de esta imagen. Literalmente actúas fuera de la persona que realmente crees que eres. Es importante tener en cuenta que mientras se mantenga esta imagen, ningún esfuerzo, ninguna cantidad de compromiso o determinación de la fuerza de voluntad hará que seas de otra manera, ya que siempre actuarás como tu mismo. Para cambiar o convertirse de otra manera, primero debes ver cómo se forma tu propia imagen.

Tu plano mental

Desde el momento en que naces, recopilas y acumulas cientos de ideas sobre ti mismo como sabio o estúpido, temeroso o confiado, malo o bueno, etc. Por repetición, algunas de estas identidades falsas forman parte de tu autoimagen. Esta imagen de sí mismo que desarrolles te permitirá ser exitoso y feliz, o tiranizar tu vida. Sea lo que sea que te des cuenta o no, dentro de ti, tienes un plano mental. Este plano es una imagen de cómo piensas sobre ti mismo. Es completo y exacto hasta el último detalle. Este plano o resumen es tu autoimagen. Sin embargo, el plan es realmente *quién crees que eresen lugar de quién eres.*

Las condiciones o circunstancias que formaron tu autoimagen pueden haber sido totalmente defectuosas o desproporcionadas, pero de acuerdo con tu forma de pensar, todas son ciertas. Una vez que tengas esto grabado en tu plano mental, apenas cuestionarás su solidez. En la mayoría de los casos, difícilmente recordarás conscientemente dónde o cómo obtuviste esta información. Simplemente vives como si fuera la verdad, incluso si no lo es.

El secreto de las edades

La gran mayoría se ha perdido el mensaje que todos los grandes maestros han tratado de transmitir desde el principio de los tiempos; El secreto de las edades. Esta es una verdad fascinante que de la cual la mayoría de la gente se dará cuenta. Cuando estés en el nivel del Ser, al que nos hemos referido como el ser superior, serás espiritualmente absoluto, completo y perfecto. Así como la gota de agua tiene todas las cualidades que encontrarás en el océano, también tienes las cualidades de tu creador dentro de ti.

Al igual que la filosofía, la ciencia y la religión nos enseñan que, en última instancia, hay UN PODER en el universo y que somos uno con esa Energía, Poder, Fuerza o con lo que sea que te sientas cómodo. Somos expresiones personalizadas de todo el poder de este universo. A esto puedes referirte como tu ser superior.

Nunca puedes destruir al ser superior que está dentro de ti. Puedes tratar de esconderte, negarlo, mentir sobre eso, pero en última instancia, no puedes cambiar el hecho de que eres quién eres. Lo que debes hacer conocer tu propia identidad y aprender cómo canalizarla a través de tus pensamientos.

Lo que haces y quién eres no es lo mismo

Debes entender la clara distinción entre lo que haces y quién eres. Lo que realmente eres es espiritualmente perfecto, pero lo que haces no siempre lo es. La brecha que existe entre estos dos surge como resultado de la ignorancia. Cuando no te das cuenta de que eres espiritualmente perfecto, se sigue que todas tus acciones no llegarán a ser perfectas.

Me gustaría que pruebes esto mientras lees. Cierra los ojos y di: "Soy muy consciente de que soy espiritualmente perfecto". Ahora escucha la pequeña voz en tu cabeza. Se contrapone a la tuya propia. Está diciendo: "Oh, no, yo no soy perfecto". Está claro que tu afirmación de perfección es una gran amenaza para tu ego, y responde instantáneamente diciendo: "¿Qué intentas al decir que eres perfecto? ¿En serio? Mírate más de cerca a ti mismo. ¿Cómo tratas a otras personas? ¿Te acuerdas de lo que hiciste ese día? ¿Cuándo dejas de quejarte? ¿Qué te parece cómo te relacionas con tus colegas en el trabajo, tus hermanos y tus padres o incluso tus amigos? ¿Qué tal la forma en que te tratas? ¿Cómo puedes siquiera pensar que eres espiritualmente perfecto después de todo esto?"

Tu ego te está jugando una mala pasada

En caso de que no te hayas dado cuenta, tu ego está tratando de hacerte evitar que mires más de cerca a tu ser interior. Quiere que te mires rápido y mal a ti mismo. Quiere que te relaciones con todas las cosas negativas, cosas que no eres. Quiere que te vincules con todas tus acciones pasadas y actuales para que puedas sentirte mal. Quiere que te culpes, te juzgues y te condenes por no estar a la altura de las expectativas e imágenes que tienes tuyas y los demás. *¡Abre bien los ojos y la mente!* Tu ego solo trata de engañarte. ¡Todas las cosas que estás pensando en este momento no son la verdad sobre ti!

La única forma de salir de esto es confirmar tu propia perfección. Este no es un viaje del ego para confirmar tu perfección, sino para determinarla. Recuerda, el primer y paso crucial que das para cambiar tu propia vida es reconocer tu propia perfección centrada en la verdad sobre ti mismo, y que eres absolito, completo y perfecto.

Neutralizando tu ego

La mejor manera de neutralizar tu ego es amarte a ti mismo incondicionalmente. Cuando te amas a ti mismo, no hinchas tu ego. En el sentido real, neutraliza tu ego ya que este no implica amarte a ti mismo.

Necesitas entender que la vida es conciencia. Esto significa que lo que supones que es verdad eventualmente sucederá. De lo que seas consciente; llegaras a experimentarlo. En esencia, experimenta en la vida aquello en lo que crees profunda y firmemente. Esta afirmación es importante. Si tu patrón de pensamiento dice: "Soy una mala persona, no puedo tener esto o aquello o no merezco tenerlo", siempre continuará creando condiciones que coinciden con esos pensamientos de falta, limitación y maldad.

Aquí está la frase clave: si no puedes aceptarte a ti mismo como merecedor y digno, entonces te resultará difícil aceptar a las personas que te rodean como dignas y merecedoras y, por lo tanto, terminarás juzgándolos.

La solución para esto es desarrollar amor incondicional hacia ti mismo y hacia otras personas que te rodean. Esta es la única forma en que puedes ser libre. Primero debes aceptarte totalmente antes de poder aceptar a los demás y, al mismo tiempo, saber que eres espiritualmente perfecto como el resto.

Eres responsable de tu propia creación

De una manera muy especial, eres responsable de tu propia creación, ya sea que lo sepas o no. Todos los gestos, rasgos de carácter, expresiones faciales, modo de caminar, ideas e incluso cómo piensasdebió de haber sido imitado o pedido prestado de alguien más. Esto podría haber sido un amigo, padre, maestro, amigo de la familia o incluso un personaje que te haya gustado en una película o libro.

Es posible que incluso hayas tomado actitudes prestadasde alguien que no te gusta, que siempre te hizo sentir incómodo o con miedo. Al imitar a una persona así, es posible que lo hayas hechopara sentir menos miedo o como una forma de intimidar a otras personas.

Nunca te rechaces a ti mismo

Es importante que mires la personalidad que ha creado. Quizás la única razón por la que evitas hacer esto es porque has estado imitando a otras personas. No es extraño quedar atrapado en esto. Puede ayudar el comprender que ninguna persona puede crear un yo desde cero. En un momento, todos tenemos que hacer esto y elegir entre lo que está disponible. Aunque hayas construido tu personalidad a partir de otra persona, eso no significa que seas un fraude. Cuando te consideres como tal, intenta pensar en las doce notas que se encuentran en la escala musical, pero a partir de ellas se crean miles y miles de combinaciones hermosas y únicas. Todo está determinado por cómo se ponen juntas.

Para alterar las experiencias que te causan mucho dolor y falta de armonía, es importante comenzar con una comprensión muy clara de que nunca ayudará cuando rechaces alguna parte de ti mismo. Llegas a odiarte porque creas una imagen de cómo crees que deberías estar actuando basado en el entorno de tus de pares, familia, religión, amigos y, lo que es más importante, la sociedad en la que vives. La parte triste es que no podrás estar a la altura de las expectativas, imágenes, modelos, conceptos o estándares de cómo se cree que deberías ser.

Tu libertad comienza con la autoaceptación

Has permitido que tu ego te engañe haciéndote creer que eres incompetente, inseguro, inadecuado, inútil, malvado, estúpido e indigno. Todo esto puede resumirse como baja y mala autoestima. Hasta que puedas tomar una decisión consciente para cambiar tu patrón de pensamiento, siempre tendrás la baja y mala autoestima. Lo primero imperativo que debes tener en tu vida es la autoaceptación o amarte como eres. Una vez que logres esto, comenzarás a amar a los demás.

Es probable que la mayoría de las personas te hayan pedido que te olvides de ti mismo y pongas a los demás en primer lugar. La verdad es que no funciona de esta manera. En primer lugar, debes aceptarte a ti mismo y a todas las faltas que te acompañan: todas las veces que parezcas un tonto, que hayas actuado como uno o de manera inapropiada y todos los llamados pecados. Debes estar en una posición de pie ante todos y no dar excusas sobre cómo has actuado. Cuando puedas hacer esto, estarás viviendo desde un punto de amor incondicional.

La forma en que te ves a ti mismo forma tu comportamiento, y este mismo es responsable de crear los resultados o el entorno. Cuando limites tu autoestima a lo que has logrado o cómo te comportas, estarás preparando una receta para la decepción. No importará lo duro que estés luchando, alguien pensará que no estás bien. Ganarse a todos será una tarea difícil para ti, otras veces incluso imposible. Tómate un minuto y reflexione sobre cuánto se basa tu vida en ganar la aprobación y entiende esta verdad importante; ¡Es difícil para ti obtener la aprobación que buscas tan desesperadamente! Complacer a todos es casi imposible, por lo que deberías en primer lugar aprender a apreciar quién eres y complacerte a ti mismo.

Fallar como individuo es difícil

Vale la pena repetir que lo que haces a veces no será perfecto, y que eres espiritualmente perfecto. Cualquier cosa que hagas puede fallar o tener éxito, pero puedes aislarte de los resultados recordando que ciertamente no eres un fracaso o un éxito basado en lo que haces o lo que posees. El fracaso en la vida no es una opción para ti como individuo. No ha sido creado de esta manera.

Cuando empiezas a odiarte a ti mismo por

todos los logros que has conseguido o no, u odias a las personas por lo quesi y no te han dado, estarássufriendo. Y esto es una forma de abatirte. Es una forma de estar enojado contigo mismo. Si realmente lo piensas, el sufrimiento, la ira y la falta de felicidad en tu vida se originan en la decepción de ti mismo por no haber logrado algunos de los objetivos que habías establecido, o aquellos que alguien más había establecido para ti.

Si has trabajado con personas de comportamientos autodestructivos, es posible que hayas notado que la causa principal es el odio a sí mismos. Este odio se deriva de este simple hecho: no estaban a la altura de las expectativas de los demás. Principalmente, nuestro juicio se basa en lo que no hemos alcanzado y logrado. Nos hacemos creer que somos una decepción y un fracaso, que nos hemos decepcionado a nosotros mismos ya los demás. Cuando nuestros amigos, empleadores, padres, religión o compañeros esperan cosas de nosotros y no podemos realizarlo nos sentimos como una decepción total. Esto es lo que llamamos auto juicio.

Cuando te juzgues a ti mismo, terminarás haciéndolo mal. En el momento en que estas en una situación donde no has logrado o hecho algo, o por una situación particular en la que terminaste decepcionando a alguien más, te sientes mal. Sin embargo, este tipo de juicio solo erosionará la poca autoestima que queda en ti. Sólo te destruye en lugar de hacerte algún bien.

Es cierto que todos y cada uno de nosotros tenemos algo en el pasado que desearíamos que nunca hubiera ocurrido o se haya hecho, pero de ser el caso, debemos dejar de pensar en esto y seguir adelante. Tenemos que aprender una o varias lecciones de estos momentos y enterrar la experiencia.

Libera a todos, incluyéndote a ti mismo

Intenta imaginar un pasado sin arrepentimientos. Imagina perdonar a todos los que te hayan lastimado en el pasado, independientemente de lo que te hayan hecho. Con suerte, estás comenzando a ver hasta qué punto puedes perdonar, ya sea a alguien o a ti mismo y eso perpetúa la pobreza, la falta, la limitación, la infelicidad o la enfermedad en su vida.

La mayoría de nosotros nunca estamos dispuestos a perdonar a otros por los males que nos hicieron. Siempre tendremos afirmaciones como: "¿por qué debería perdonarlos por lo que hicieron?" Tu enemigo siempre será alguien que crees que puede hacerte daño o quitarte algo, pero la realidad es que nadie puede hacerte daño. La gente solo te hará daño a través de ti mismo. De hecho, no te lastimaran en absoluto. Les proporcionarás las pautas sobre cómo tratarte y cómo se implementarán al hacerlo.

Toma la decisión de renunciar a todo el resentimiento que tienes porque al final, será lo que te destruirá. "Sí", dirás, "Estoy de acuerdo contigo, pero no conoces mis circunstancias. Realmente me molestaron. Tal vez algún día renuncie a mi resentimiento, pero no ahora". Debes saber que tener esa mentalidad es más perjudicial para ti que para esta persona a la que está resentida.

En su lugar, podrías centrar tu atención en esta brillante idea: nunca serás rico si envidias a las personas ricas. Nunca tendrás éxito si odias a las personas exitosas. Ser feliz nunca será posible si odias a las personas que siempre son felices. Lo que sea que no te guste es una clara indicación de lo que te falta. Además, quien sea que no te guste, eres tú, ya que todos somos uno. En lugar de odiar a las personas que tienen lo que te falta, o puedes hacer algo que tú no puedes, tómate un tiempo y aprende de esta gente. Deja que te enseñen. Estar con aquellos que tienen experiencia de vida y saben cómo funciona. Reconócelos, admíralos y anímalos a tener lo que tienen. Y al hacer esto, también te estarás apoyando.

Tratar de complacer a otras personas es un callejón sin salida mental

Hace casi 700 años, un gran maestro maduro de honores y años yacía en su lecho de muerte. Sus discípulos y estudiantes le preguntaron si le daba miedo morir. "Sí, tengo miedo de conocer a mi creador", dijo. "Pero, ¿cómo es eso posible? Has sido un profesor muy bueno y has vivido una vida tan buena. ¡Nos has sacado del desierto tal como lo hizo Moisés con los israelitas y juzgado entre nosotros sabiamente como lo hizo Salomón! ", Dijo uno de sus alumnos. En voz baja, él respondió: "cuando finalmente me encuentre con mi Creador, no me cuestionará por ser como Salomón o Moisés, pero si he sido yo mismo". Esta historia simple muestra que a lo largo del tiempo, muchas personas han estado luchando ser ellos mismos La pregunta es: ¿por qué seguimos luchando? Esta lucha surge de nuestro deseo de complacer y satisfacer a los demás.

Al asumir nuestro propio destino, estamos obligados a hacer que algunas personas se enojen: su cónyuge, jefe, hijos o padres. Al principio, asumir nuestro propio destino puede ser un proceso solitario y aburrido y puede parecer que cada persona que conoces está en tu contra. Sin embargo, la única imagen con la que te animaría a vivir es la tuya. Aquellos que expresan sus opiniones para desaprobar o aprobar son irrelevantes.

Esta decisión de vivir tu vida debería depender de ti. Los resultados de las decisiones que decida tomar deben depender de usted. Tu inacción o acción es tu responsabilidad. De vez en cuando, las personas siempre tendrán sus creencias y valores que pueden entrar en conflicto con los suyos. Y al vivir en contra de sus creencias y valores, pueden asustarse porque, de esta manera, usted será una amenaza para su fundación.

¿Cómo te tratas?

Sólo una pregunta rápida, ¿confías en ti mismo? ¿Te gustas a ti mismo? ¿Alguna vez has pensado que eres una buena persona? ¿Con qué frecuencia cumples las promesas que te haces a ti mismo? ¿Tienes un amigo que te trata de la forma en la que te tratas a ti mismo, te habla de la misma forma o rompe las promesas que te hacen igual que tui lo has hecho? Seamos honestos, no querrías tener un amigo así, ¿verdad?

Es vital que mires cómo te tratastú mismo. En la mayoría de los casos, somos nuestro mayor enemigo. Tenemos demasiado miedo de encontrarnos o ver nuestro interior porque pensamos que no podemos estar satisfechos con lo que vemos.

Principalmente escucho a la gente decir: "Tengo curiosidad por explorar miinterior, pero tengo miedo de lo que voy a descubrir. Me asusta lo desconocido que encontraré a lo largo del viaje". Comprende que es completamente imposible que la verdad de quien eres sea causa del temor. A pesar de lo fea que pueda ser la verdad, es incapaz de asustarte o lastimarte porque el miedo viene como resultado de la resistencia a la verdad y de malinterpretarla.

Capítulo 3: Comenzando el viaje de autodescubrimiento - Los siete principios de Huna

En un intento por brindarte la información que te llevará a desarrollar una actitud positiva hacia la forma en que vives día a día, incluiremos esta sabiduría que se practica comúnmente en las islas hawaianas: conocimiento o sabiduría a la que se refieren como kahuna.

Kahuna se basa principalmente en la psicología humana y hace hincapié en la vida normal y básica en todos los aspectos de la vida. Será una hoja de ruta diaria que seguirás a lo largo de la vida. Los principios básicos del kahuna se pueden resumir en dos conceptos sin pretensiones:

- Sin dolor, sin pecado. El pecado se refiere a cualquier cosa que pudiera lastimarte a ti oa cualquier otra persona a tu alrededor.
- Debes servir para merecer. Esto implica que debes ayudar a otras personas para que puedas sentirte digno de bondad en ti mismo.

A los creyentes de kahuna se les enseña

que ser humano consiste es lo siguiente:
- El aumakua (superconsciente o yo superior)
- La mente que está formada por el ser consciente (uhane o el yo medio) y el subconsciente (unihipili o ser inferior).
- El cuerpo es la parte final.

En Hawái, consideran el concepto de deidad como un paso por encima de su ser superior y en realidad se cree que es parte de nuestra personalidad humana; que tenemos una conexión espiritual.

Los creyentes emplean el símbolo del triángulo para representar que una vez que tienen estos tres "arte del ser humano" trabajando juntos, están en perfecta comunicación. Todos estos seres deben funcionar como entidades separadas pero en sincronía para alcanzar nuestro potencial como seres espirituales y humanos.

1. Eke ': este mundo es como crees que es

Todo lo que se encuentra en nuestro

mundo y en nuestra realidad se origina dentro de nuestros pensamientos. Esto se comparte entre nuestra familia, compañeros de trabajo, amigos, cualquier otra persona y nosotros. Según la creencia de Huna, si vamos a cambiar nuestro mundo, tendremos que cambiar nuestra forma de pensar. Es un desperdicio de energía y tiempo intentar cambiar el mundo exterior por nosotros mismos.

Lo primero es cambiarnos si queremos cambiarlo demás. Comienza con nosotros. Tenemos que cambiar nuestra forma de pensar, comenzando desde la creencia en la falta hasta la creencia en la abundancia. En Hawai, este es *Eke trabajando desde dentro para formar el mundo exterior.* Todos los principios precedentes de Hauna se basan en este.

2. Kala: Todos estamos vinculados; no hay límites ni separación

Todo en este mundo está conectado.

Nuestros cuerpos y mentes lo están, al igual que la tierra con el hombre, los animales, el cielo, el océano y las plantas. Todos estamos vinculados y esta separación que percibimos es simplemente una ilusión. Solo se encuentra en nuestros pensamientos y nos hace creer que estamos separados del resto. Según la creencia Huna, esto se traduce en una enfermedad en nuestras vidas. Debajo de este sentido de desapego está la conexión que estamos buscando. Una vez que te deshagas de estos pensamientos de separación, volverás a conectarte, volverás a ser uno y sanaran tus heridas. En las islas, usan la expresión "aflojarse" para significar que te tensas, creas tensión y, en consecuencia, creas el desapego o la separación. Una vez que "te quedas suelto", te relajas, te sientes mejor, tu relación mejora y, finalmente, sigues la corriente. Kala no quiere decir que tengas que aceptar todo como es; solo que una vez que te relajes con ellos, te será fácil cambiarlos.

3. Makea: La energía sigue a la atención.

Los eventos solo se crean donde hay atención y la energía se disipa. Enfocar su atención en una idea u objeto en particular hará que la energía fluya hacia ese lado. Independientemente de los pensamientos que tengas, sentirás el flujo a cambio. Al poner energía positiva ahí afuera, experimentarás energía positiva que fluye de regreso a ti. Del mismo modo, si tienes energía negativa en el universo, también volverá a ti. Podemos desarrollar talentos o habilidades que a cambio traerá energía positiva a nuestras vidas. Esto se logra centrándose en la alegría y la felicidad en lugar de miedo o enojo.

4. Manoua: Este es el tiempo del poder.

El propósito de Manoua es educarte sobre cómo permanecer en el momento. El poder no existe en el futuro o en el pasado. Solo se encuentra en este momento, en este minuto. El pasado no tiene poder contra ti, y, por lo tanto, debes aprender a dejar de lado cualquier carga del pasado. Cualquier pensamiento que crees que puedas o debes traer al presente debe dejarse de lado. Si posees belleza en tu vida, crearás belleza. Y tienes que esforzarte por aumentar esta belleza al apreciarla. Una vez que dejas de apreciar la belleza, pierdes el sentido y, finalmente, desaparece de tu vida. Al apreciar lo que sea que te rodea, lo aumentas. Cuanto más te gusta, más se fortalece.

De la creencia Huna, no existe ningún futuro que te espere para que pueda recibirte. Solo podrás crear este futuro eliminando el pasado.

5. Aloha: Amor que es puro y simple.

La raíz de esta palabra significa "ser feliz con". Esto significa que amar es estar contento con alguien o algo. El grado en que serás feliz dictará el grado en que estés enamorado. Esta expresión de estar enamorado es imprescindible. Cuando dejas que la crítica, la ira o la infelicidad en tu vida, el amor en ti disminuye y el resultado sea dolor. Esto contradice los principios del amor que significan saborear la alegría, la felicidad y el placer de estar en una relación.

www.ingramcontent.com/pod-product-compliance
Lightning Source LLC
LaVergne TN
LVHW020427080526
838202LV00055B/5061